COLLECTION
DU BARON OTHON DE BOURGOING

ESTAMPES

TABLEAUX ET DESSINS

AVRIL 1882

M. MAURICE DELESTRE
COMMISSAIRE-PRISEUR :
27, rue Drouot.

M. CLÉMENT
Marchand d'Estampes de la Bibliothèque Nationale
3, rue des Saints-Pères

CATALOGUE
D'ESTAMPES

DE L'ÉCOLE FRANÇAISE DU XVIII° SIÈCLE

Imprimées en noir et en couleurs

PORTRAITS

TABLEAUX & DESSINS

Composant la Collection de M. le Baron **OTHON DE BOURGOING**

Dont la vente aux enchères publiques aura lieu

HOTEL DES COMMISSAIRES-PRISEURS, RUE DROUOT, N° 9

SALLE N° 4

Les Mardi 11, Mercredi 12 et Jeudi 13 Avril 1882

A UNE HEURE ET DEMIE PRÉCISE

Par le ministère de **M° MAURICE DELESTRE**, Commissaire-Priseur,
27, rue Drouot, 27.

Assisté de **M. CLEMENT**, Marchand d'Estampes de la Bibliothèque Nationale,
rue des Saints-Pères, 3.

EXPOSITION PUBLIQUE :

Le Lundi 10 Avril 1882

DE DEUX HEURES A QUATRE HEURES

CONDITIONS DE LA VENTE

Elle sera faite au comptant.

Les adjudicataires payeront *cinq pour cent* en sus des enchères.

ORDRE DES VACATIONS

Mardi   **11 Avril** — Numéros .... 1 à 249

Mercredi 12 —   —   — .... 250 à 475

Jeudi   **13** —   —   — .... 476 à la fin.

DÉSIGNATION

PORTRAITS

AGAR

1 — The Princesse Elizabeth of France. Petit portrait in-8, publié à Londres en 1797.
> Belle épreuve.

ALIX (P.-M.)

2 — *Mirabeau* (Honoré Riquetti, ci-devant comte de). In-4.
> Belle épreuve.

ANONYME

3 — *Rosalba Carriera*, d'après elle-même. In-fol. en manière noire.
> Très belle épreuve, marge.

AUDINET (P.)

4 — *Cléry* (J.-B.), dernier serviteur de Louis XVI. D'après Danloux. In-4.
> Belle épreuve.

AUDOUIN (P.)

5 — *Berry* (Marie-Caroline-Ferdinande-Louise, Duchesse de). D'après Hesse. In-fol.
> Belle épreuve.

AVRIL (J.-J.)

6 — *Brizard* et *Ducis*. Deux portraits in-fol. faisant pendants. D'après Mme Guiard.
>Très belles épreuves avant la lettre, lettres tracées.

BAQUOY (P.)

7 — *Le Kain*, acteur du Théâtre-Français. D'après Le Noir. In-8.
>Belle épreuve.

BARBIÉ (J.)

8 — *Voltaire* et *Rousseau*. Deux portraits in-8 faisant pendants.
>Belles épreuves.

BENOIST

9 — *Louis-Auguste*, dauphin de France; depuis Louis XVI. In-8.
>Belle épreuve.

BERTRAND (N.)

10 — S. A. R. Mademoiselle Louise-Marie-Thérèse *d'Artois*, née à Paris le 21 septembre 1819. — S. A. R. Monseigneur le duc de *Bordeaux*, né à Paris le 29 septembre 1820. Deux portraits faisant pendants. D'après Olagnon. In-fol.
>Belles épreuves.

BETTI (G.-B.)

11 — Portraits d'un prince et d'une princesse de la Maison de Savoie, représentés au milieu de figures allégoriques. In-fol.
>Belle épreuve.

BLIGNY (chez)

12 — *Raucourt* (Mlle), actrice célèbre. In-4.
>Belle épreuve.

BOILLET

13 — *Necker* (M.), directeur général des finances. In-fol.
>Très belle épreuve, grandes marges.

BOISSIEU (J.-J.)

14 — *Boissieu* (J.-J. de), célèbre graveur à l'eau-forte. In-fol.
Belle épreuve.

BOUILLARD (J.)

15 — *Provence* (Marie-Joséphine-Louise de Savoye, comtesse de). In-fol.
Très belle épreuve avant la lettre, marge.

BOVINET

16 — *Montpensier* (Mlle de). D'après Mignard. In-8.
Belle épreuve.

BROCKSHAW (R.)

17 — *Marie-Antoinette*, reine de France. In-fol. en manière noire.
Superbe épreuve, marge.

18 — Marie-Joséphine-Louise de Savoye, Madame, comtesse de *Provence*. D'après Drouais. In-fol.
Très belle épreuve.

CARMONTELLE (d'après L.-C. DE)

19 — *Franklin* (Benjamin), gravé par Née. In-fol.
Très belle épreuve.

CARS (L.)

20 — *Orléans* (E.-J.-P.), grand prieur de France. D'après J. Raoux. In-4.
Belle épreuve.

CATHELIN (L.-J.)

21 — *Condé* (Louis de Bourbon, prince de). D'après B. Le Noir. In-fol.
Très belle épreuve.

22 — *Louis XVI*, roi de France. In-fol.
Très belle épreuve.

23 — *Louis XVI*, roi de France. In-fol.
Belle épreuve.

CATHELIN (L.-J.)

24 — *Marie-Antoinette*, reine de France. D'après Fredou. In-fol.

 Superbe épreuve.

25 — *Marie-Antoinette*, archiduchesse d'Autriche, reine de France. D'après Drouais. Petit in-fol.

 Belle épreuve.

26 — *Provence* (Marie-Josèphe-Louise de Savoie, comtesse de). D'après Drouais. In-fol.

 Très belle épreuve avant toutes lettres.

CHATAIGNIER

27 — Henri IV exhumé. D'après E.-H. Langlois. In-fol.

 Belle épreuve.

CHENU (T.)

28 — *Favart* (Madame), actrice. In-8.

 Belle épreuve.

CHODOWIECKI

29 — *Voltaire*. En buste dans un médaillon rond, frontispice pour *Candide*.

 Belle épreuve avant toutes lettres, marge.

CHOFFARD (P.P.)

30 — *Basan* (P.-F.). En-tête de page pour le Dictionnaire des graveurs.

 Belle épreuve avant le texte au verso.

31 — *La Rochefoucauld* (François VI, duc de). D'après Pétitot. In-8.

 Belle épreuve.

CLAESSENS (L.-A.)

32 — *Louis XVI*, *Marie-Antoinette* et le *Dauphin*. Trois portraits in-8, d'après le comte de Noiron.

 Belles épreuves.

COCHIN (d'après C.-N.)

33 — *Lecouteulx du Molay* (Mme). In-4.
    Épreuve avant toutes lettres.

34 — *Marigny* (M. le Marquis de). In-4.
    Belle épreuve.

35 — Le même Portrait.
    Belle épreuve, grandes marges.

36 — *Roslin* (A.), peintre du Roy. In-4.
    Belle épreuve.

37 — *Séguier* (A.-L.), de l'Académie française. In-4.
    Belle épreuve, marge.

COLINET

38 — *Saint-Huberti* (Mlle), de l'Académie royale de Musique. D'après Le Moine. In-4.
    Très belle épreuve, marge.

COSWAY ((d'après R.)

39 — La princesse Charlotte-Augusta, fille du prince de Galles, représentée dans son berceau, par Bartolozzi. In-fol.
    Très belle épreuve.

CURTIS (J.)

40 — *Louis Seize*, — *Marie-Antoinette*. Deux portraits in-fol. faisant pendants. D'après Dufroe et Boze.
    Très belles épreuves.

DAULLÉ (J.)

41 — *Pelissier* (Mlle), d'après H. Drouais. In-fol.
    Très belle épreuve, avec l'adresse du graveur.

DAVID (A.-F.)

42 — Louis-Stanislas-Xavier de France, comte de Provence. D'après Drouais. In-fol.
    Très belle épreuve. Rare.

DEBUCOURT (P.-L.)

43 — *Chénard*, d'après Boilly. In-fol. de forme ovale.
   Belle épreuve avant la lettre.

DE LAUNAY (N.)

44 — *Fénelon* (François de Salignac de la Motte), — *La Fayette* (Marie-Magdeleine Pioche de Lavergne, comtesse de). Deux portraits in-18.
   Belles épreuves.

DELVAUX (R.)

45 — *Du Châtelet* (Madame), d'après M. A. Loir. In-8.
   Belle épreuve.

DIVERS

46 — La duchesse de *Bourbon*, — *Louis XV*, — Madame de *Pompadour*. Trois portraits in-fol. et in-4.

47 — *Clément XIV*, — *Auguste*, — *Élisabeth* d'Autriche, reine de France, — Anne-Marie-Louise *d'Orléans*, souverain de Dombes, — Louis IX, dauphin, — J.-B. *Colbert*, marquis de Seignelay, etc. Huit portraits in-fol. et in-4, par divers graveurs.

48 — Le duc du *Maine*, — Louis-Philippe, duc *d'Orléans*, — *Louis XVI*, — *Louis XV*, — le duc de *Penthièvre*, — Louis, *dauphin*, père de Louis XVI, — Henri IV, — Louis, dauphin, fils de Louis XIV, etc. Dix portraits in-8, par divers graveurs.
   Belles épreuves.

49 — Charlotte *Corday*, — Joséphine *Duchesnois*, — La duchesse de *Chateauroux*, etc. Quatre portraits in-8.
   Belles épreuves.

50 — Le duc de *Lavrillière*, — Messire Pierre *Chirac*, — Eustache *Le Sueur*, — *Louis XVI*, etc. Neuf portraits in-8, avant la lettre.
   Très belles épreuves.

DIVERS

51 — J.-I. *Guillotin*, — *Lalli-Tolendal*, — Stan. de *Clermont-Tonnerre*, — G.-J.-B. *Tarjet*, — Nicolas *Bergasse*, — Édouard *Lemontey*, — *Robespierre*, — P.-J. *Cadoudal*, — A.-P.-J.-M. *Barnave*, — *Picot*. Dix portraits in-8 et in-4, par Bonneville, Levachez, Vérité, etc.

Belles épreuves.

52 — *Voltaire*, — Marguerite de *Gondy*, — *Condé* (Henri de Bourbon, prince de), — *Pluvinel*, — *François Ier*, roi de France, — Charles-Alexandre, duc de *Croy*. Cinq portraits in-8, par Tardieu, S. de Passe, de Jode, Landry, etc.

53 — Portraits divers gravés par Saint-Aubin, Lingée, Bligny, etc. Quatre portraits in-8 et in-4.

Très belles épreuves avant la lettre.

53 *bis*. — Sous ce numéro, il sera vendu quelques portraits, Russes, Allemands et Français, et quelques gravures de l'École française du xviiie siècle.

DREVET (P.)

54 — *Bernard* (Samuel), d'après Rigaud. In-fol.

Belle épreuve.

55 — *Louis*, dauphin de France, fils de Louis XIV. D'après Rigaud. In-fol.

Belle épreuve.

56 — *Louis XV*, à mi-jambes et manteau royal. D'après Rigaud. In-fol.

Belle épreuve.

57 — *Nemours* (Marie d'Orléans, appelée Demoiselle de Longueville, épouse d'Henri II de Savoie, dernier duc de). D'après Rigaud. In-fol.

Très belle épreuve, marge.

DROUAIS (d'après)

58 — *Artois* (Charles-Philippe de France, comte d'). In-fol. en pied.

Très belle épreuve.

DUPIN (N.)

59 — *Artois* (Charles-Philippe, comte d'). D'après Hall. In-4.

60 — *Artois* (Charles-Philippe de France, comte d'). D'après Vanloo. In-fol.
Très belle épreuve.

61 — *Contat* (Mlle), de la Comédie Française, jouant le rôle de Suzanne dans le *Mariage de Figaro*. D'après Desrais. Grand in-8.
Belle épreuve.

62 — *Marie-Antoinette*, archiduchesse d'Autriche, reine de France. D'après Vanloo. In-fol.
Très belle épreuve.

DUPONCHELLE

63 — Louis-Stanislas-Xavier de France, depuis Louis XVIII. D'après Vanloo. In-fol.
Très belle épreuve, toutes marges.

63 bis — *Marie Leczinska*, princesse de Pologne, reine de France. D'après Nattier. In-8.
Belle épreuve.

DUPONT (M. Henriquel)

64 — Pastoret (le marquis de), d'après Paul Delaroche. In-fol.
Bonne épreuve.

DUPUIS

65 — *Louis, dauphin*, fils de Louis XV. D'après Restout. In-fol.
Belle épreuve.

ELLUIN

66 — *Dumesnil* (Marie), de la Comédie-Française. In-fol.
Très belle épreuve, toutes marges.

67 — *Duplant* (Rosalie), de l'Académie royale de musique. D'après Le Clerc. In-fol.
Belle épreuve.

ELLUIN

68 — *La Ruette* (Jean-Louis), comédien italien ordinaire du roi. D'après Le Clerc. In-fol.
<blockquote>Très belle épreuve, toutes marges.</blockquote>

69 — *La Ruette* (Marie-Thérèse Villette, femme), de la Comédie-Italienne. D'après Le Clerc. In-fol.
<blockquote>Très belle épreuve, toutes marges.</blockquote>

70 — *Le Gros* (Joseph), de l'Académie royale de musique. Gravé par Macret, d'après Le Clerc. In-fol.
<blockquote>Belle épreuve.</blockquote>

71 — *Le Kain* (Henri-Louis), comédien ordinaire du roi. D'après J. Bertaux. In-fol.
<blockquote>Très belle épreuve, toutes marges.</blockquote>

ESBRARD (A Paris, chez)

72 — *Enghien* (Louis-Antoine de Bourbon-Condé, duc d'), en buste dans un médaillon posé sur un cartouche où est représentée la scène de son exécution. In-fol. en manière noire.
<blockquote>Belle épreuve, marge.</blockquote>

FICQUET (Etienne)

73 — *Descartes* (René), d'après F. Hals. In-8.
<blockquote>Belle épreuve, avec marges.</blockquote>

74 — *Molière* (J.-B. Poquelin de), d'après Coypel. In-8.
<blockquote>Très belle épreuve, avec les noms des artistes gravés à la pointe.</blockquote>

75 — *Rousseau* (J.-B.), d'après Aved. In-8.
<blockquote>Bonne épreuve.</blockquote>

FINLAYSON (J.)

76 — *Villiers* (Gertrude, vicomtesse de), d'après F. Calze. Grand in-fol. en manière noire.
<blockquote>Superbe épreuve.</blockquote>

FLIPART (J.-J.)

77 — *Greuze* (J.-B.), d'après lui-même. In-4.
<blockquote>Belle épreuve.</blockquote>

FRESCHI (A).

78 — Charles-Philippe de France, depuis Charles X. In-fol.
Belle épreuve.

FRITSCH (C.-F.)

79 — *Maria-Antonia*, reine de France. D'après Wagenschön, 1778. In-fol.
Très belle épreuve, marge

GAILLARD (R.)

79 bis — *Galitzin* (Catherine, princesse de), née princesse de Cantémir. D'après Vanloo. In-fol.
Très belle épreuve.

GARNIER (F.)

80 — Charles X, roi de France. D'après Gérard. In-fol.
Très belle épreuve avant la lettre.

GAUCHER (Ch.-Ét.)

81 — *Bossuet* (J.-B.), évêque de Meaux. D'après Rigaud. In 8.
Belle épreuve.

82 — *Briquet* (Fortunée B.), d'après Mlle de Noireterre. In-8.
Belle épreuve.

83 — *De Laborde* (J.-B.), auteur des chansons. D'après du Rameau. In-18.
Belle épreuve avant la lettre.

84 — *Du Barry* (Madame la comtesse), d'après Drouais. In-8.
Très belle épreuve de premier tirage, avec la date de 1770.

85 — *Duveyrier* (Honoré-Marie-Nicolas), d'après Sicardi. In-8.
Belle épreuve.

86 — *Estaing* (Charles-Henri, comte d'), d'après Sablet. In-fol.
Très belle épreuve.

87 — *Louis-Auguste*, dauphin de France. D'après Gautier. In-8.
Très belles épreuve, marge.

GAUCHER (Ch.-Ét.)

88 — *Louis-Auguste*, dauphin de France. D'après Gautier. In-8.
>Belle épreuve, avec marge.

89 — Le même portrait, gravé en contre-partie, sans noms d'artistes.
>Belle épreuve.

90 — *Marie-Cécile*, princesse ottomane, fille d'Achmet III. In-8.
>Belle épreuve.

GAULTIER (L.)

91 — Catherine de *Bourbon*, sœur unique du roi. In-18.
>Épreuve avec grande marge.

92 — Henri IV, roi de France. In-8.

GODEFROY

93 — *Laya* (Jean-Louis), d'après Landry. In-8.

GOLTZIUS (H.)

93 bis — *Henri IV*, roi de France. In-fol.
>Belle épreuve, avec l'adresse d'Harman Adolfz.

GRANTHOMME (J.)

94 — Henri III, roi de France. In-8.

95 — *Lorraine* (le duc de). In-8.

GREEN (V.)

96 — *Green* (Valentin), d'après L. Abbott. In-fol. en manière noire.
>Très belle épreuve.

97 — *Hunter* (Catherine), d'après E. Calze. In-fol. en manière noire.
>Très belle épreuve.

GUDIN (J.-M.)

98 — *Berri* (S. A. R. Caroline-Ferdinande-Louise, duchesse de), d'après Hesse. In-fol.
  Très belle épreuve.

HAID (J.-G), 1771

99 — *Louis-Auguste*, dauphin de France, — *Marie-Antoinette*, archiduchesse d'Autriche, dauphine de France. Deux portraits in-fol. faisant pendants, gravés à la manière noire.
  Très belle épreuves, marges.

HARDOUIN

100 — *Guichen* (J.-C., comte de), d'après Castelar. In-4.
  Belle épreuve, marge.

101 — *La Motte-Piquet* (G^{me} de), d'après Castelar. In-4.
  Belle épreuve, avec marge.

HEIDELOFF (N.)

102 — Louis XVII, roi de France, en pied et en manteau royal. In-4.
  Belle épreuve.

HENRIQUEZ (B.-L.)

103 — *Louis XVI*, roi de France. D'après Boze. In-fol.
  Belle épreuve, marge.

104 — *Orléans* (Louise-Marie-Adélaïde de Bourbon-Penthièvre, duchesse de Chartres), d'après Duplessis. In-fol. en largeur.
  Très belle épreuve avant toutes lettres.

HOUBRAKEN (J.)

105 — *Fleury* (André-Hercule, cardinal de), d'après Rigaud et Autreau. In-fol.
  Belle épreuve, marge.

JAUZ

105 bis — *Witzay* (Michel, comte de), d'après Lieder. In-fol. en manière noire.
  Très belle épreuve, marge.

INGOUF (P.-C.)

106 — *Artois* (Madame la comtesse d'), représentée en buste, avec ses enfants, dans un médaillon, avec entourage ornementé. In-4.
Belle épreuve.

107 — *Chevreuse* (Marie-Charles-Louis d'Albert, duc de Luynes et de), d'après J.-F. Guillot. In-fol.
Très belle épreuve, marge.

108 — *Flipart* (Jean-Jacques), célèbre graveur. In-4.
Belle épreuve.

109 — J.-B. *Rousseau*, — J.-B. Poquelin de *Molière*, — Mathurin de *Montreuil*. Trois portraits in-8.
Belles épreuves.

JACOBÉ (J.)

110 — *Mentschikoff* (la princesse), née Galitzin. D'après A Graff. In-fol. en manière noire.
Très belle épreuve.

JOHN (F.)

111 — *Kosciuzko*, d'après Grafsi. In-8.
Très belle épreuve ancienne, plus une épreuve moderne. Deux pièces.

KININGER

112 — *Czernitscheff* (le comte Ivan), d'après Fuger. In-fol. en manière noire.
Superbe épreuve, marge.

KLAUBER (J.)

113 — *Marie Feodorowna*, impératrice de toutes les Russies. D'après Kügelgen. In-fol.
Belle épreuve.

114 — *Stanislas-Auguste*, roi de Pologne. D'après Mme Le Brun. In-fol.
Belle épreuve.

KOHL (Cl.)

115 — *Sacco* (Joanna), actrice allemande. D'après Fusch. In-fol.

    Belle épreuve.

LANGLOIS

116 — *Pierre I*^{er}, empereur de Russie. D'après Caravaque. In-4.

    Bonne épreuve.

LANGOT

117 — *Marie-Thérèse*, reine de France. In-fol.

    Belle épreuve.

LAWRENCE (d'après sir Th.)

118 — *Charles X*, roi de France. In-fol. en pied, gravé par Turner.

    Très belle épreuve.

LE BEAU

119 — *Artois* (Charles-Philippe, comte d'), colonel général des Suisses et Grisons. D'après Vanloo. In-3.

    Très belle épreuve avant le numéro, marge.

120 — *Artois* (Marie-Thérèse, comtesse d'). D'après J. Ferdink. In-8.

    Très belle épreuve avant le numéro, marge.

121 — *Chartres* (Louise-Marie-Adélaïde de Bourbon Penthièvre, duchesse de). D'après Le Clerc. In-4.

    Très belle épreuve avant le numéro.

122 — *Desbrosses* (Mlle), actrice de la Comédie Italienne. In-8.

    Belle épreuve.

123 — *Du Barry* (Madame la comtesse). D'après Drouais et Marilllier. In-8.

    Belle épreuve.

124 — *Élisabeth-Philippe-Marie-Hélène* de France. D'après Fontaine. In-8.

    Très belle épreuve avant le numéro, marge.

LE BEAU

125 — *Louis XVI*, roi de France, en pied, avec le manteau royal. D'après Le Clerc. In-fol.
Très belle épreuve, marge.

126 — *Marie-Antoinette*, reine de France, vue de profil, en pied et grand costume de cour. D'après Le Clerc. In-fol.
Très belle épreuve. Rare.

127 — *Marie-Antoinette*, reine de France. D'après Mauperin. In-4.
Belle épreuve.

128 — *Louis-Aguste*, Dauphin de France, — *Marie-Antoinette*, Dauphine de France. Deux portraits in-fol., faisant pendants. D'après Fossier.
Superbes épreuves. Très rares.

129 — *Orléans* (Louis-Philippe, duc d'), né à Versailles, le 12 mai 1725. D'après de Lorme. In-fol.
Belle épreuve.

130 — *Raucourt* (Mlle), célèbre actrice. In-4.
Très belle épreuve avant le numéro, marge.

131 — *Saint-Huberti* (Mme de), de l'Académie royale de musique. In-4.

LE CLERC (B.)

132 — *La Fayette* (le marquis de), D'après Barre. In-4 en bistre.
Belle épreuve, marge.

LECOMTE (H.)

133 — Le comte de *Chambord*. D'après Lequeutre, lithographie. In-fol.

LE MIRE (N.)

134 — *Clairon* (Mlle), couronnée par Melpomène. D'après Gravelot. In-4.
Belle épreuve.

135 — *Joseph II*, empereur d'Autriche. In-18.
Belle épreuve.

LEU (Th. de)

136 — *Aumale* (Claude de Lorraine d'), chevalier de Malte (303). *Lorraine* (Charles, duc de) (439). Deux pièces.

137 — *Bar* (Henri de Lorraine, duc de), marquis de Pont (306).

138 — *Beaugrand* (Jean de), maître à écrire, bibliothécaire et lecteur du roi (313).

139 — *Charles IX*, roi de France (358).

140 — *Conti* (Jeanne de Coesme, princesse de) (350).

141 — *Éléonore d'Autriche*, reine de France (357).

142 — *Elisabeth d'Autriche*, reine de France (360)

143 — *Estrées* (Gabrielle d') (366).

144 — *Louise de Lorraine*, reine de France (446).

145 — *Marie Stuart*, reine d'Écosse (457).

146 — *Mercœur* (Philippe Emmanuel de Lorraine, duc de), gouverneur de Bretagne (458).

147 — *Montmorency* (Henri Ier du nom, duc de), connétable de France (462).

148 — *Montpensier* (Henri de Bourbon, duc de), pair de France (464).

149 — *Nevers* (Charles de Gonzague, duc de) (468).
Belle épreuve.

150 — *Nevers* (Charles de Gonzague, duc de) (469).
Belle épreuve.

151 — *Verneuil* (Henriette de Balzac-d'Entragues, duchesse de) (504).
Bonne épreuve, les vers du bas coupés.

LEU (Th. de) et GAUTIER (L.)

152 — *Besse* (Pierre de), — François de Bone, seigneur de *Lesdiguières*, — Charles de *Bourbon*, archevêque de Rouen, B. *d'Argentré*. Quatre portraits, in-8.
Belles épreuves.

LIGNON (F.)

153 — *Angoulême* (S. A. Royale Madame, duchesse d'). D'après Augustin. In-fol.
Belle épreuve.

MANSFELD (J.-G.)

154 — *Haydn* (Josephus). In-8.
Belles épreuve, avec marge.

155 — *Marie-Thérèse-Charlotte,* Madame, fille du Roi. In-8.
Très belle épreuve, marge.

156 — *Paul Ier,* — *Catherine II,* — S. A. Impériale Mme la grande duchesse de Russie, née princesse de *Wurtemberg,* — Le Prince *Potemkin.* Quatre portraits, in-8.
Belles épreuves.

MARCUARD (R.-S.)

157 — *Cagliostro* (le comte de). D'après F. Bartolozzi. In-fol.
Très belles épreuves, marge.

158 — Contemplating Philosopher (Cagliostro). D'après F. Bartolozzi. In-fol.
Très belle épreuve, marge.

MARIAGE

159 — *Du Boccage* (Madame). In-18.
Belle épreuve.

MARIETTE (A Paris, chez)

160 — *Guillaume III,* roy d'Angleterre. In-fol. en pied.
Belle épreuve, avec marge.

MARK

161 — *Maria Antonia* Konigin von Frankreich u Navarra. In-4, en bistre.
Très belle épreuve, avec marge. Rare.

MARILLIER

162 — Louise *Labbé.* En-tête de page, pour le Parnasse des dames.
Épreuve avant la lettre.

MASSON (Ant.)

163 — *Louis XIV*, d'après Le Brun. In-fol.
Très belle épreuve.

MECHEL (Chr. de)

164 — *Washington* (le général), commandant en chef des armées américaines. In-fol.
Belle épreuve, avec marge.

MECOU

165 — *Marie-Louise*, impératrice. D'après Isabey. In-4.
Belle épreuve.

MICHEL (J.-B.)

166 — *Preville* (Pierre-Louis, Dubus de), comédien français, en bas une scène des folies amoureuses. In-fol.
Très belle épreuve.

MOREAU

167 — *Bonaparte*, premier Consul de la République française. D'après David. In-4, en couleur.
Belle épreuve, marge.

MORIN (J.)

168 — *Guise* (Henri de Lorraine, duc de), d'après Citermans. In-fol.
Belle épreuve.

MORLAND (d'après G.)

169 — Louisa. Deux compositions différentes de forme ronde, faisant pendants, par A. Le Grand.
Très belles épreuves, marges.

MULLER (J.-G.)

170 — *Wille* (J. G.). D'après Greuze. In-fol.
Belle épreuve.

MULLER (H.-C.)

171 — *Henri IV*, roi de France. D'après Gerard et Percier. In-fol.
    Belle épreuve.

172 — *Stael-Holstein* (A. L. G. Necker, baronne de). In-8.
    Belle épreuve.

NANTEUIL (Robert)

173 — *La Meilleraye* (Ch. de La Porte, maréchal, duc de). (R. D., 117).
    Très belle épreuve.

NANTEUIL (d'après)

174 — *Christine*, reine de Suède. In-fol. avant toutes lettres.
    Belle épreuve.

NEIDT (J.)

175 — *Alexandra Pawlowna*, archiduchesse d'Autriche. D'après Kreutzinger. In-fol.
    Très belle épreuve, marge.

176 — *Kutusow-Smolenskoi* (le général). In-fol., en couleur.
    Belle marge.

177 — *Marie-Thérèse-Charlotte* de France, duchesse d'Angoulême. D'après Kreutzinger. In-fol.
    Très belle épreuve, marge.

178 — Paul Ier, empereur de toutes les Russies, — Maria Feodorowna, impératrice de toutes les Russies. Deux portraits in-4. faisant pendants, en couleur.
    Superbes épreuves, marges.

179 — *Souvorow-Rimniksky* (le comte), D'après Kreutzinger. In-fol., en couleur.
    Très belle épreuve, marge.

180 — Portrait du prince *Souvorow-Rimniksky*. D'après Kreutzinger, 1799. In-4.
    Très belle épreuve.

NILSON (J.-E.)

181 — *Orlow* (Alexis Gregorius). In-4.

ODIEUVRE et DESROCHERS

182 — Mme de *Maintenon*, — Ninon *de Lenclos*, — Louis de Bourbon, comte de *Vermandois*, — Le comte d'*Harcourt*, — Duchesse du *Maine*, — *Philippe V*, roi d'Espagne, — Duc de *Berry*, — Marguerite de *Valois*, reine de France, — Marguerite de *Valois*, reine de Navarre, etc. Dix portraits in-8.

PASSE (Crispin de)

183 — *Élisabeth*, reine d'Angleterre. In-4.
Très belle épreuve.

184 — Le même portrait.
Belle épreuve, l'inscription du bas coupée.

185 — *Elisabeth*, reine d'Angleterre, — *Jacques II*, — *Anne*, reine d'Angleterre, — Le Prince *de Galles*. Quatre portraits in-8.
Belles épreuves.

PELHAM (P.)

186 — *Rubens* (Pierre-Paul). D'après lui-même. In-fol., en manière noire.
Très belle épreuve.

PETIT

187 — *Orléans* (Louise-Henriette de Bourbon-Conty, duchesse d'). D'après Pottier. In-fol.
Belle épreuve.

PFEIFFER (C.)

188 — *Moszynski* (le comte). D'après Grassi. In-fol.
Très belle épreuve.

PICHLER (J.)

189 — *Anhalt - Bernbourg - Schaumbourg* (Victor Amade, prince d'). D'après Tischbein. In-fol.
Très belle épreuve, marge.

PICHLER (J.)

190 — *Louis XVI*, roi des Français. D'après Callet. In-fol. en manière noire.
   Très belle et rare épreuve avant toutes lettres, marge.

191 — Le Même portrait.
   Très belle épreuve, marge.

PITAU

192 — *Conty* (Louise-Elisabeth de Bourbon-Condé, princesse de). In-8.
   Belle épreuve.

PLATTE-MONTAGNE (N. DE)

193 — *François Ier*, roi de France. D'après Janet. In-fol.
   Belle épreuve.

PONTIUS (P.)

194 — *Medicis* (Marie de). D'après Van Dyck. In-fol.
   Belle épreuve.

POTRELLE

195 — *Louis XVIII*, roi de France. D'après F. Gerard. In-folio.
   Belle épreuve.

PRIEUR

196 — La Reine à la conciergerie. In-4.
   Belle épreuve, marge.

PURCIL (R.)

197 — Georges III, roi de la Grande-Bretagne. D'après J. Meyer. In-fol. en manière noire.
   Très belle épreuve.

REYNOLDS (d'après sir J.)

198 — *Fitzpatrick* (lady Charlotte), par J. Dean. In-fol.
   Très belle épreuve.

ROMANET (A.)

199 — *Bourbon* (Louis-François de), prince de Conti, grand prieur de France, d'après Le Tellier. In-fol.
   Belle épreuve.

RUBENS (d'après)

200 — *Longueval* (Charles de), comte de Busquoy. Gravé par Lucas Vorsterman. Grand in-fol.
   Très belle épreuve.

RUOTTE (L.-C.-N.)

201 — Marie-Antoinette, reine de France, en bergère, un foulard recouvrant ses cheveux. D'après Césarine f.
   Très belle épreuve avant la lettre, marge.

SAINT-AUBIN (Aug. de)

202 — *Perronet* (J. R.). D'après C. N. Cochin. In-fol.
   Belle épreuve.

203 — *Voltaire* (François-Marie-Arouet de). D'après Le Moyne. in-4.
   Belle épreuve.

SAINT-JEAN (J.-D. de)

204 — Madame la Dauphine en pied. In-fol.
   Belle épreuve.

SAVART (P.)

205 — *Colbert* (J. B.). D'après Rigaud. In-8.
   Belle épreuve.

206 — *Louis le Grand*, roi de France et de Navarre. D'après Rigaud. In-8.
   Belle épreuve.

SCHIAVONETTI (L.)

207 — Marie-Antoinette, — Le comte d'Artois, — Louis XVII, — Marie Thérèse Charlotte, duchesse d'Augoulême. Quatre portraits in-4. D'après Kalterer. Stroehling, Danloux et Barber.
   Belles épreuves.

SCHIAVONETTI (L.)

208 — *Louis XVI*, — Le Duc d'*Orléans*. Deux portraits in-4.
   Belles épreuves avant toutes lettres.

209 — Elisabeth-Philippine, Marie Hélène de France. D'après Stroehling. In-4.
   Belle épreuve.

SCHMIDT (G.-F.)

210 — *La Mettrie* (J. de). Petit in-fol.
   Superbe épreuve.

211 — *Marie Josèphe,* reine de Pologne. D'après L. de Silvestre. In-fol.
   Belle épreuve.

SCHREYER

212 — *Pierre Ier*, empereur de Russie. D'après Leroi. In-fol.
   Très belle épreuve, grandes marges.

SCHULZE

213 — *Beloselsky* (Alexandre P). Grand in-fol.
   Très belle épreuve avant la dédicace.

SPILSBURY

214 — *Pond* (Miss). In-fol. en manière noire.
   Très belle épreuve.

STOTHARD (d'après)

215 — Margaret of Anjou, par C. White.
   Très belle épreuve, en couleur.

STRANGE (ROBERT)

216 — *Henriette de France*, reine d'Angleterre, représentée en pied, avec ses deux enfants. D'après Van-Dyck.
   Superbe épreuve avant toutes lettres.

TARDIEU (J.)

217 — *Gallitzin* (Dimitry, prince de). D'après Drouais. In-fol.
   Très belle épreuve, marge.

TARDIEU (J.)

218 — *Loudon* (Joseph, comte de). In-fol.
Belle épreuve, marge.

219 — *Pierre III*, empereur de Russie, — Stanislas Auguste *Poniatowski*, — Paul *Petrovitz*, empereur de Russie, — Grégoire Alexandrowitz *Potemkin*, — *Catherine II*, impératrice de Russie, — Grégoire Gregoriewitz *Orloff*. Six portraits in-8.
Belles épreuves.

TARDIEU (Ambr.)

220 — *Elisabeth Philippine*, Marie Hélène de France. In-4.

THOMASSIN (S.-H.)

221 — *Fleury* (André Hercules, cardinal de). D'après Rigaud et l'entourage d'après Autreau. In-fol.
Belle épreuve.

VACHEZ

222 — *Voltaire*, representé en pied dans un paysage. Gravé à l'eau-forte. In-4, colorié.
Belle épreuve.

VÉRITÉ

223 — *Louis XVI*, roi de France. In-8, en couleur.
Très belle épreuve. Rare.

VERMEULEN (C.-M.)

224 — *Anne-Marie-Louise d'Orléans*, duchesse de Montpensier. D'après Rigaud. In-fol.
Très belle épreuve, marges.

VIDAL

225 — *Beaumenil* (H.-A.), de l'Académie royale de musique. D'après Pujos. In-fol.
Très belle épreuve, marge.

VISPRÉ

226 — Mme *Anne-Henriette de France*. D'après Liotard. In-4.
Très belle épreuve. Rare.

VOYEZ

227 — *Maria Fœderowna* de Wurtemberg, grande-duchesse de Russie. In-8.
    Belle épreuve.

WALKER (J.)

228 — *Potemkin* (Pierre-Jean), ambassadeur du Tzar de Moscou, près le Roi de la Grande-Bretagne. In-fol , en manière noire.
    Superbe épreuve, marge.

WATELET (d'après)

229 — *Le Comte* (Marguerite). Gravé par Lempereur. In-4.
    Belle épreuve.

WATELET

230 — *Clairaut* (Cl.-Al.), de l'Académie des sciences. In-4.
    Belle épreuve.

WATSON (T.)

231 — *Du Barry* (la comtesse). D'après Drouais. In-fol. en manière noire.
    Superbe épreuve avant la lettre. Très rare.

WEISS

232 — *Marie-Thérèse-Charlotte*, Madame fille de Louis XVI. In-fol.
    Belle épreuve.

233 — *Alexandra Pawlowna*, grande-duchesse de Russie, archiduchesse d'Autriche. D'après Karg. In-4.
    Très belle épreuve, marge.

234 — *Maria Feodorowna*, reine de Prusse. In-4.
    Très belle épreuve, marge.

WIERIX (Ant.)

235 — *Albert*, archiduc d'Autriche (A. 1831).
    Très belle épreuve.

WIERIX (Ant.)

233 — *Philippe-Guillaume*, prince d'Orange (A. 1996).
   Superbe épreuve du 1er état, avec l'adresse du graveur.

WIERIX (H.)

237 — *Albert*, archiduc d'Autriche, et *Isabelle-Claire-Eugénie*, son épouse. Deux portraits faisant pendants (A. 1836-1951).
   Très belles épreuves, l'inscription du bas coupée.

238 — *Elisabeth*, reine d'Angleterre. In-8.
   Épreuve avec marge.

239 — *Farnèse* (Alexandre) (A. 1899).
   Superbe épreuve.

240 — *Henri III*, roi de France (A. 1919).
   Superbe épreuve.

241 — *Henricus Borbonicus*, rex Franciæ et Navariæ, comes Bearny (A. 1921).
   Très belle épreuve. Rare.

242 — *Louis*, roi de Hongrie (A. 1967).
   Très belle épreuve.

243 — *Philippe II*, roi d'Espagne (A. 2005).
   Superbe épreuve.

WIERIX (J.)

244 — *André d'Autriche* (A. 1842).
   Bonne épreuve.

245 — *Vlierden* (Gilles de) (A. 2049).
   Bonne épreuve, avec marge.

WILL (J.-M.) excudit.

246 — *Marie-Antoinette* d'Autriche, reine de France. In-fol. en manière noire.
   Très belle épreuve.

WILLE (J.-G.)

247 — *Louis XV*, roi de France. D'après J.-B. Le Moine. In-fol.
> Belle épreuve.

248 — *Saxe* (Maurice de), maréchal de France. D'après Rigaud. In-fol.
> Belle épreuve.

ZENONI (D.)

249 — *Henri III*, roi de Pologne. In-4.
> Belle épreuve.

ÉCOLE FRANÇAISE DU XVIIIᵉ SIÈCLE

PIÈCES IMPRIMÉES EN NOIR

A. G. T. G.

250 — L'Agréable illusion. D'après J. G.
   Très belle épreuve, marge.

ALILERT (A Paris, chez)

251 — Le Sommeil interrompu.
   Très belle épreuve, toutes marges.

AMICONI (d'après)

252 — Les Cris de Londres. Six pièces gravées par Muller et G. Child.
   Belles épreuves.

ANONYMES

253 — Entourage pour un portrait, gravé par un maître d'écriture.

254 — Le Maître à danser anglais.
   Bonne épreuve, marge.

AUVRAY (L.)

255 — Allégorie sur l'alliance de Mgr le Dauphin avec l'archiduchesse Marie-Antoinette. D'après Beauvais.
   Belle épreuve.

BAILLU (P. de)

256 — Renaud et Armide. D'après Van Dyck.
   Belle épreuve.

BALKO (d'après)

257 — Le Précepteur inutile, par Gaillard.
   Belle épreuve, marge.

BANCE (A Paris, chez)

258 — Les Quatre Saisons. Suite de quatre sujets imprimés sur deux feuilles.
    Belles épreuves, en couleur.

BARON (B.)

259 — Le Comte de Nassau et sa famille. D'après Van-Dyck.
    Très belle épreuve.

BARTSCH (A.)

260 — Chevaux hongrois, — Chevaux polonais, — et sujets divers D'après Swabach, Berghem et (Wouwermans). Six pièces.

BASSET (A Paris, chez)

261 — Prise de la Bastille.
    Belle épreuve, marge.

262 — Cérémonie de la Confédération nationale au Champ de Mars le 14 juillet 1790.
    Très belle épreuve, marge.

BAUDOUIN (d'après P.-A)

263 — L'Amour à l'épreuve, par Beauvarlet (5).
    Très belle épreuve, marge.

264 — Les Amours champêtres, par P.-P. Choffard (7).
    Belle épreuve.

265 — Le Carquois épuisé, par N. de Launay.
    Superbe épreuve, toutes marges.

266 — Les Cerises, par N. Ponce (13).
    Très belle épreuve, toutes marges.

267 — Le Chemin de la Fortune, par Voyez Mayor (14).
    Superbe épreuve, toutes marges.

268 — Le Coucher de la Mariée, gravé à l'eau-forte, par J.-M. Moreau, et terminé au burin par J.-B. Simonet, 1768 (16).
    Superbe et rare épreuve, avant toutes lettres.

BAUDOUIN (d'après P.-A.)

269 — Le Danger du tête-à-tête, par Simonet (18).
>Superbe et très rare épreuve d'un état non décrit, avant la lettre, mais avec la bordure ornementée, toutes marges.

270 — La même estampe.
>Belle épreuve,

271 — L'Enlèvement nocturne, par N. Ponce (20).
>Superbe épreuve avant la lettre.

272 — L'Enlèvement nocturne, par Ponce (20).
>Très belle épreuve, marge.

273 — L'Épouse indiscrète, par N. de Launay (21).
>Très belle épreuve, marge.

274 — L'Épouse indiscrète, par N. de Launay (21).
>Belle épreuve.

275 — Jusques dans la moindre chose..., par L.-J. Masquelier (27).
>Très belle épreuve.

276 — *Jusques dans la moindre chose...*, par L.-J. Masquelier (27).
>Très belle épreuve.

277 — Le Lever, par Massard (29).
>Très belle épreuve, grandes marges,

278 — Marchez tout doux, parlez tout bas, par P.-P. Choffard (30).
>Très belle épreuve, marge.

279 — Le Matin, — Le Midi, — Le Soir, — La Nuit. Suite de quatre pièces, gravées par de Ghendt (32, 33, 35 et 46).
>Très belles épreuves.

280 — Le Midi, par de Ghendt (33).
>Très belle épreuve, toutes marges.

281 — Rose et Colas, par Simonet (42).
>Très belle épreuve.

BAUDOUIN (d'après P.-A.)

282 — La Sentinelle en défaut, par N. de Launay. 1771 (44).
Très belle épreuve, marge.

283 — Le Soir, par de Ghendt (46).
Très belle épreuve.

284 — La Soirée des Tuileries, par Simonet (47).
Très belle épreuve, toutes marges.

285 — La Toilette, par Ponce. 1771 (48).
Superbe épreuve avant la lettre.

286 — La Toilette, par N. Ponce (48).
Très belle épreuve avec l'adresse de Mme Baudouin, une déchirure dans le bas de la gravure.

BEAUVARLET (J.-F.)

287 — Charles-Philippe, comte d'*Artois*, et Mlle Clotilde, sa sœur, représentée montée sur une chèvre, d'après Drouais.
Très belle épreuve.

BERAINVILLE (d'après P. DE)

288 — Médaillons allégoriques sur l'avènement au trône du Roi Louis XVI et de Marie-Antoinette. Quatre pièces gravées par Godefroy, Ingouf et Patas.

BINET (d'après)

289 — La Nourrice élégante, par F. Ambrosi.
Belle épreuve.

BOILLY (d'après L.)

290 — L'Étude du dessin, par Cazenave.
Très belle épreuve avec marge, en couleur.

291 — Défends-moi, — La Leçon d'union conjugale. Deux pièces faisant pendants, gravées par Petit.
Très belles épreuves.

292 — Hony soit qui mal y pense, par Bonnefoy.
Très belle épreuve.

BOITARD (L.-P.)

293 — Costumes et pièces sur les mœurs publiées en Angleterre. Quatre pièces.
Belles épreuves.

294 — Fond Courtship, pièce satyrique, gravée par Debourne.
Belle épreuve.

BOLSWERT (S.-A.)

295 — Marche de Silène, d'après Van Dyck.
Très belle épreuve.

BOREL (d'après)

296 — L'Allaitement maternel encouragé, par L. Voysard.
Très belle épreuve.

297 — Le Don intéressé, par E. Voysard.
Très belle épreuve.

298 — La Faute est faite, permettez qu'il la répare, par Anselin.
Belle épreuve, marge.

299 — J'y passerai, par R. de Launay.
Très belle épreuve, marges.

300 — La Morale inutile, par E. Voysard.
Très belle épreuve.

BOUCHARDON

301 — Études prises dans le bas peuple, ou les cris de Paris. Suite de soixante estampes divisées en cinq suites de chacune douze pièces.
Très belles épreuves. Rares.

BOUCHER (d'après F.)

302 — Les Charmes de vie champêtre, par J. Daullé.
Très belle épreuve, marge.

303 — Les Cris de Paris. Suite de douze pièces, gravées par Ravenet et Le Bas.
Très belles épreuves.

BOUCHER (d'après F.)

304 — Départ de Jacob, par Élisabeth Cousinet, femme Lempereur.
    Très belle épreuve, toutes marges.

305 — L'Hymen et l'Amour, par Beauvarlet.
    Très belle épreuve.

306 — La Marchande de modes, par R. Gaillard.
    Très belle épreuve, marge.

307 — Le petit Ménage, par Huquier.
    Belle épreuve.

BOUCHER et PIERRE (d'après)

308 — Les Serments du berger, — Les Présents du berger. Deux pièces faisant pendants, gravées par L. Lempereur.
    Très belles épreuves, marges.

BUNBURY (d'après H.)

309 — Billards. Deux compositions différentes, gravées par par Dickinson et Bretherton.
    Belles épreuves.

310 — A Long Story, — A Chop-House, — A family Piece. Trois pièces gravées par Dickinson.
    Belles épreuves.

311 — A hail Storm, — The Rival Beaux. Deux pièces.
    Belles épreuves.

312 — Evening, or the Man of feeling, — Recruits. Trois pièces gravées par Watson, Dickinson et Smith.
    Belles épreuves.

313 — Costumes et scènes de mœurs. Huit pièces.

CALLOT (J.)

314 — Les grandes Misères de la guerre. Suite de dix-huit estampes (M., 564-581).
    Belles épreuves du 2º état, avant que les mots : Isral *eezcudit* aient été effacés.

314 *bis*. — Lux Claustri. Vingt-six pièces.
    Belles épreuves.

CANOT (d'après Ph.)

315 — Le Maître de danse, par Le Bas.
Très belle épreuve.

CHALLE (d'après)

316 — La Ruelle, par Malapeau.
Très belle épreuve, marge.

317 — La Saison des amours, par Chaponnier.
Superbes épreuves avant toutes lettres, marge.

CHARDIN (d'après S.)

318 — Le Château de cartes, par Fillœul.
Belle épreuve.

319 — Dame prenant son thé, par Fillœul.
Belle épreuve.

320 — L'Instant de la méditation, par L. Surugue.
Très belle épreuve, marge.

321 — L'Instant de la méditation, par L. Surugue.
Belle épreuve.

322 — La Serinette, par L. Cars.
Très belle épreuve.

323 — Le Souffleur, par Lépicié.
Belle épreuve.

CHEVALLIER (d'après)

324 — Le Diable à quatre, opéra-comique, par J.-B. Michel.
Belle épreuve.

CHEVILLET

325 — L'Amour maternel, d'après de Peters.
Très belle épreuve, marge.

CHODOWIECKI (D.)

326 — Cabinet de D. Chodowiecki.
Belle épreuve.

327 — Action près de Choczim, le XVIII sept. 1779.
Belle épreuve.

COCHIN (d'après C.-N.)

328 — Concours pour le prix de l'étude des têtes et de l'expression, par J.-J. Flipart. 1763.
Superbes épreuves, grandes marges.

329 — Louis XVI saisi d'admiration en voyant le portrait de Henri IV que lui montre Minerve. Allégorie, par Hiam.
Belle épreuve, toutes marges.

330 — En-têtes de pages gravés par Fessard.
Épreuves avant la lettre, marges.

COIFFURES (Pièces sur les)

331 — Le Petit maître partant pour la promenade, — Les Chapaux au Litron. Deux pièces.
Belles épreuves, marges.

332 — Départ de la promenade des boulevards de Paris, — Sortie de l'Opéra allant au Colizée. Deux pièces.
Belles épreuves, marges.

333 — La Duchesse des plaisirs, allant au Colizé, — La Baronne du Bel-Air revenant du Palais-Royal. Deux pièces.
Belles épreuves, marges.

334 — Wery Gond of night cap, — Miss comeingue out of opera. Deux pièces.
Belles épreuves, marges.

335 — Le Roy et la Reine des Nabots arrivés nouvellement à Londres, grands amateurs de la coeffure nouvelle, — Le Grand maître de la frisure à la mode. Deux pièces.
Très belles épreuves, marges.

336 — Le Maître de musique élégant qui donne leçon à Mlle *Sara* Frian et aux gens de sa suite, — Outrages malicieux et punissable fait aux coeffures élégantes du troisième étage, — Vengeance pour réparation de l'insulte faite à la frisure moderne, — Combat. Quatre pièces.
Très belles épreuves, marges.

337 — *Tiens vois-tu ce logis, portes-y ce billet,* — *Anglais jaloux, ne craignez-rien.* Deux pièces.
Très belles épreuves, marges.

COUVAY

338 — Le Palais des facultés de l'âme, — Le Beau séjour des cinq sens. Deux pièces faisant pendants, avec costumes Louis XIII.
Belles épreuves.

COYPEL (d'après Ch.)

339 — Mme de... en habit de bal (Mme de Pompadour). Gravé par Surugue.
Très belle épreuve.

340 — La Folie pare la décrépitude des ajustements de la jeunesse, par L. Surugue.
Superbe épreuve, grandes marges.

341 — Scènes des comédies de Molière. Deux pièces gravées par Surugue.
Belles épreuves, sans marges.

DAYES (d'après E.)

342 — La Procession royale sortant de Saint-Paul à Londres le jour de la fête de Saint-Georges en 1789.
Très belle épreuve, marge.

DELAFOSSE et LALONDE

343 — Calices,—Flambeaux,— Appliques,— Chandelier pascal, — Ciboires, — Burettes, — Vases et Fontaines, — Lutrins, etc. Vingt pièces.

DE LAUNAY (N.)

344 — Premier voyage aérien en présence de Mgr le Dauphin, 1783.
Belle épreuve.

DUGOURE (d'après J.-D.)

345 — Le Lever de la Mariée, par Ph. Triere.
Superbe épreuve avant toutes lettres, seulement les noms des artistes.

DUPLESSIS-BERTAUX (d'après)

346 — L'instant de la gaieté.
Bonne épreuve.

EARLOM (R).

347 — Agar présentée à Abraham par Sarah. D'après Vander Werff.
Superbe épreuve, avant la lettre.

ÉCOLE FRANÇAISE DU XVIII° SIÈCLE

348 — Jeune fille en buste dans un médaillon.
Belle épreuve, avant toutes lettres.

349 — Vignettes in-8. D'après Eisen, Gravelot, Boucher, Chodowiecki, etc. Treize pièces dont 2 avant la lettre, une de ces deux pièces est pour les Métamorphoses d'Ovide. Edition Bannier.

350 — Les Génies, — Colonel-Dragon, — Ballon de Franconville, etc. Quatre pièces.

EISEN (d'après Ch.)

351 — La Gageure des trois commères, par Tardieu.
Très belle épreuve.

352 — La Belle nourrice, par de Longueil.
Bonne épreuve.

353 — Fleurons et en-têtes de pages. Vingt pièces, tirées hors texte.
Belles épreuves.

354 — La Vertu sous la garde de la Fidélité, par Le Beau.
Bonne épreuve.

FRAGONARD et BOREL (d'après)

355 — La Cachete découverte, — J'y passerai. Deux pièces faisant pendants, gravées par R. de Launay.
Très belles et rares épreuves avant la lettre; le titre en lettres tracées.

FRAGONARD (d'après H.)

356 — La Bonne mère, par N. Delaunay.
Superbe épreuve avant la dédicace.

357 — Les Hazards heureux de l'Escarpolette, par N. de Launay.
Superbe et rare épreuve avant la dédicace, avec la faute, marge; un pli au milieu est un peu marqué.

FRAGONARD (d'après H.)

358 — Les Pétards, — Les Jets d'eau. Deux pièces faisant pendants, gravées par Auvray.
Belles épreuves, grandes marges.

359 — Le Pot au lait, par N. Ponce.
Très rare épreuve à l'état d'eau-forte, avant toutes lettres, avec l'encadrement et avec la tablette blanche.

360 — Le Verrou, par Blot.
Très belle épreuve.

FREUDEBERG (d'après S.)

361 — Le Lever, par Romanet, 1774.
Superbe épreuve avant le numéro, grandes marges.

362 — Le Bain, par A. Romanet, 1774.
Superbe épreuve, grandes marges.

363 — Le Coucher, par Duclos et Bosse.
Superbe épreuve, grandes marges.

364 — L'Evènement au bal. Gravé à l'eau-forte par Duclos et terminé au burin par Ingouf.
Superbe épreuve, grandes marges.

365 — La Soirée d'hiver, par Ingouf Junior, 1774.
Superbe épreuve avant le numéro, grandes marges.

366 — La Promenade du soir, par Ingouf Junior, 1774.
Superbe épreuve avant le numéro, grandes marges.

367 — Les Confidences, par C. L. Lingée, 1774.
Superbe épreuve, grandes marges.

368 — Le Boudoir, par P. Malœuvre. 1774.
Superbe épreuve avant le numéro, grandes marges.

369 — La Promenade du matin, par Lingée, 1774.
Superbe épreuve, grandes marges.

370 — La Visite inattendue, par Voyez l'aîné, 1774.
Superbe épreuve avant le numéro, marge.

370 bis — La même estampe.
Très belle épreuve, marge.

FREUDEBERG (d'après S.)

371 — L'Occupation, par Lingée, 1774.
   Superbe épreuve avant le numéro, marge.

371 *bis* — La même estampe.
   Très belle épreuve avant le numéro.

372 — La Toilette, par Voyez l'aîné.
   Très belles épreuves, grandes marges.

373 — L'Evénement au bal, par Duclos et Ingouf.
   Très belle épreuve avant le numéro.

374 — Le Boudoir, par P. Maleuvre, 1774.
   Belle épreuve avant le numéro.

375 — L'Occupation, par Lingée, 1774.
   Très belle épreuve avant le numéro.

376 — La Complaisance maternelle, par N. de Launay.
   Superbe épreuve, toutes marges.

377 — La Gaieté conjugale, — La Félicité villageoise. Deux pièces faisant pendants, gravées par N. de Launay.
   Très belles épreuves, marges.

378 — La Matinée, par Ingouf.
   Belle épreuve, grandes marges.

379 — Le Négociant ambulant, — Le Soldat en semestre. Deux pièces faisant pendants, gravées par Ingouf.
   Superbes épreuves, toutes marges.

380 — 24 gravures in-8, par divers graveurs, pour l'Heptameron français.
   Belles épreuves avant les numéros.

GILLOT (d'après Claude)

381 — Livre de scènes comiques de la comédie italienne. Dix pièces avec titres en français et en hollandais.
   Belles épreuves.

GRAVELOT (d'après H.)

382 — Costumes de Seigneurs et Dames anglais, gravés par par L. Truchy et C. Grignion, publiées à Londres en 1744.
Superbes épreuves avant la lettre, avec marges. Très rares.

383 — Le Lecteur, par R. Gaillard.
Belle épreuve.

GREEN (V.)

384 — Le Satyre et le Voyageur. D'après Jordaens.
Très belle épreuve.

384 *bis* — La même estampe, imprimée en couleur, le titre changé et les armes effacées.
Très belle épreuve.

GREUZE (d'après J.-B.)

385 — L'Accordée de village, par J.-J. Flipart.
Très rare épreuves avant toutes lettres, à l'état d'eau-forte.

386 — L'Accordée de village, par J.-J. Flipart.
Très belle épreuve.

387 — Le Gâteau des Rois, par J.-J. Flipart.
Très rare épreuve avant toutes lettres, à l'état d'eau-forte.

388 — La Malédiction paternelle, par Gaillard.
Superbe épreuve.

389 — L'Oiseau mort, par Flipart.
Très belle épreuve.

390 — Le Paralitique servi par ses enfants, par J.-J. Flipart.
Très rare épreuves avant toutes lettres, à l'état d'eau-forte.

391 — Le Paralitique servi par ses enfants, par J.-J. Flipart.
Belle épreuve.

392 — Le Préjugé de l'enfance, par F. Charpentier.
Très belle épreuve.

HAYMAN (d'après F.)

393 — Cricket. Gravé par Benoist.

394 — Mademoiselle Catherina, — Jobson and Nell, — The Wapping Landlady. Trois pièces gravées par Grignion, Parr et Benoist.
Belles épreuves.

INCROYABLES

395 — Ah! qu'il est donc drôle! Hai! dis donc, ma lorgnette te fait peur?
Belle épreuve, marge.

396 — Aristide et brise scellé revenant de travailler la marchandise.
Belle épreuve, marge.

397 — La Danse des Incroyables du temps passé.
Belle épreuve, marge.

398 — La Science du jour.
Belle épreuve, marge.

JEAURAT (d'après Ét.)

399 — Le Joli dormir, par madame Tardieu.
Très belle épreuve.

400 — Le Mari jaloux, par Balechou.
Belle épreuve.

401 — Le Carnaval des rues de Paris, par C. Le Vasseur.
Très belle épreuve.

402 — La Place des Halles, — Déménagement d'un peintre. Deux pièces faisant pendants, gravées par Aliamet et Duflos.
Très belles épreuves, marges.

403 — La Place Maubert, par Aliamet.
Superbe épreuve, marge.

403 bis — La même estampe.
Très belle épreuve, marge.

JEAURAT et CHARDIN (d'après)

404 — Le Chantre à table, — La Pourvoieuse, — Benedicité, — La Terre. Quatre pièces.

Belles épreuves.

KLINGSTET (d'après)

405 — La Rusée commère, — La Belle surprise, — L'Apoticaire charitable, — La Pisseuse, — Le Pisseux, — La Toilette, — Le Jeu de l'anguille, — Les Petits pieds, — Le Cabaret, — L'Amant pressé, etc. Quatorze pièces.

Belles épreuves.

LALLEMAND (d'après)

406 — Tel maître, tel valet, — L'oiseau sans cage, — La Blanchisseuse, — La Nourrice. Quatre pièces.

Belles épreuves.

LALONDE

407 — Diligences ornées et détails de sculpture pour les voitures. Quatre pièces gravées par Hauer.

Belles épreuves.

LANCRET (d'après N.)

408 — Partie de plaisirs, par P. E. Moitte.

Très belle épreuve, marge.

409 — Les Quatre âges de la vie. Suite de quatre pièces en largeur, gravées par de Larmessin.

Très belles épreuves, avec marge. La Vieillesse, la seule estampe de la suite où il y ait des différences, est du 1er état, avec l'adresse du graveur.

410 — A Femme avare, galant escroc, par de Larmessin.

Très belle épreuve avant l'adresse de Buldet.

411 — La même estampe.

Très belle épreuve avant l'adresse de Buldet.

412 — Les Oies de frère Philippe, par de Larmessin.

Belle épreuve.

413 — Les Rémois, par de Larmessin

Belle épreuve.

LAURIN (d'après)

414 — L'Anneau de Hans Carvel, par Aveline.
   Belle épreuve.

415 — L'anneau de Hans-Carvel, par Aveline.
   Belle épreuve.

416 — La Chose impossible, par D. Sornique.
   Belle épreuve.

417 — La Chose impossible, par D. Sornique.
   Belle épreuve.

LAVREINCE (d'après N.)

418 — L'Assemblée au concert, — L'Assemblée au salon. Deux pièces faisant pendants, gravées par Dequevauviller. (5 et 6).
   Superbes et très rares épreuves avant la dédicace.

419 — La Balançoire mystérieuse, — Les Nymphes scrupuleuses. Deux pièces faisant pendants, gravées par Vidal. (9 et 42).
   Belles épreuves.

420 — L'Heureux moment, par N. De Launay. (28).
   Très belle épreuve, marge.

420 *bis* — La même estampe.
   Belle épreuve.

420 *ter* — L'Innocence en danger, par Caquet (31).
   Très belle épreuve, marges.

421 — Les Nymphes scrupuleuses, par Vidal. (42).
   Superbe et très rare épreuve d'un état non décrit, avant toutes lettres, mais avec la guirlande de fleurs.

422 — Pauvre Minet, que ne suis-je à ta place! par Janinet. (47).
   Curieuse épreuve d'essai, tirée avec une seule planche.

423 — Le Repentir tardif, par Le Vilain. (52).
   Très belle épreuve.

LAVREINCE (d'après N.)

424 — Le Roman dangereux, par Helman. (56).
Très belle épreuve.

425 — La Soubrette confidente, par G. Vidal. (61).
Très belle épreuve, toutes marges.

LE BAS (J.-P.)

426 — L'Après-Dinée. D'après Berghem.
Bonne épreuve.

LEBARBIER (d'après)

427 — Suite de neuf gravures in-8, dont quatre portraits, pour une histoire de la guerre de l'indépendance.
Belles épreuves.

LEBEL (d'après F.)

428 — La Fidélité en défaut, par A. F. Hemery.
Très belle épreuve, marge.

429 — Le Coup de vent, par A. Girardet.
Belle épreuve.

LE BRUN (d'après)

430 — La Liberté perdue ou l'amour couronné, par Dambrun.
Très belle épreuve, toutes marges.

431 — La Toilette de la mariée, ou le jour désiré, par Dambrun.
Très belle épreuve, toutes marges.

432 — L'Epouse mal gardée, ou le Mariage à la mode, — Le Charme de la liberté ou l'amour vaincu. Deux pièces faisant pendants, gravées par Martini et Dambrun.
Très belles épreuves, toutes marges.

LEGRAND (Aug.)

433 — Ques-la, d'après Valet.
Très belle épreuve, grandes marges.

LE MESLE (d'après E.)

434 — Le Cuvier, par Fillœul.
Très belle épreuve, avec l'adresse du graveur.

LE MIRE (L.)

435 — Gravure in-fol., d'après Oudry, pour les fables de La Fontaine.
Épreuve avant la lettre.

LE PEINTRE (d'après Ch.)

436 — La Cage symbolique, par M. Fessard.
Belle épreuve.

437 — Le Danger de la bascule, par De Monchy.
Superbe épreuve, toutes marges.

LE PRINCE (d'après)

438 — Vignette in 8, gravée par Rousseau, pour les saisons.
Épreuve avant la lettre.

439 — Vignette in-8, gravée par B. L. Prevost, pour les saisons.
Épreuve avant la lettre.

LESPINASSE (d'après le chevalier de)

440 — Vue intérieure de Paris représentant le port au blé, depuis l'extrémité de l'ancien Marché aux Veaux, jusqu'au pont Notre-Dame. Gravé par Berthault.
Très belle épreuve, marge.

441 — Vue intérieure de Paris représentant le port Saint Paul, prise du quay des ormes, vis-à-vis l'ancien bureau des Coches d'eau. Gravé par Berthault.
Superbe épreuve, marge.

442 — Vue intérieure de Paris, prise du milieu du Pont royal regardant le Pont-Neuf.
Superbe épreuve, marge.

DE LOUTHERBOURG (d'après)

443 — Repos de chasse de Madame la comtesse de XXX (Du Barry), par Demonchy.
Très belle épreuve avec marge. Rare.

MALLET (d'après)

444 — La Visite du matin, par Mixelle.
Très belle épreuve.

MARILLIER (d'après)

445 — Suite de 23 gravures in-16, pour les Idyles de Berquin. Paris, Ruault, 1775.
Très belles épreuves avant les numéros, toutes marges.

446 — Vignettes in-8, par divers graveurs. Pour le cabinet des fées 127 pièces.

MARTINI (P.-A.)

447 — Exposition au salon du Louvre, en 1787.
Très belle épreuve.

448 — Achille reconnu par Ulysse, d'après Teniers.
Belle épreuve.

MARTINI et LE BAS

449 — Vue de l'Isle Barbe, à Lyon.
Très belle épreuve avant la lettre, marge.

MERCIER (d'après)

450 — Le Jeune Eveillé, par J. J. Avril.
Très belle épreuve.

MEYER (d'après F.)

451 — La Chute dangereuse, par N. de Launay.
Très belle épreuve, toutes marges.

MOITTE

452 — Le Monarque bienfaisant, allégorie sur la bienfaisance du roi Louis XVI. D'après Méon.
Belle épreuve.

MONNET (d'après C.)

453 — Les Plaisirs nocturnes, par Mme Chevery. Gravure in-4, pour Joconde, conte de la Fontaine.

Très belle épreuve.

454 — Les Vœux du peuple confirmés par la Religion, par Née et Masquelier.

Belle épreuve.

MONTCORNET (R.)

455 — Livre nouveau de fleurs, très utile pour l'art d'orfèvrerie et autres, dédié à Jean de Leins, 1648. — Suite de douze pièces, dont un titre.

Très belles épreuves.

MOREAU (d'après L.)

456 — Le Villageois entreprenant, par Germain et Patas

Très belle épreuve, marge.

MOREAU (d'après J.-M.)

457 — Couronnement de Voltaire, sur le Théâtre-Français, le 30 mars 1778, après la sixième représentation d'Irène. Gravé par Gaucher.

Très belle épreuve avec les armes et la dédicace : A Mme la marquise de Villette.

458 — Le Curtius français, ou la Mort du chevalier d'Assas, par Simonet.

Belle épreuve.

459 — Trois gravures in-4, gravées par Simonet, Romanet et Duclos, pour la Henriade.

Superbes épreuves avant la lettre.

460 — N'ayez pas peur, ma bonne amie, par Helman, 1776.

Superbe épreuve avant la lettre, marge.

461 — Le Rendez-vous pour Marly, par C. Guttenberg.

Superbe épreuve avec les lettres A. P. D. R., grandes marges.

462 — La Sortie de l'Opéra, par Malbeste.

Très rare épreuve à l'état d'eau-forte pure.

MOREAU (d'après J.-M.)

463 — Le Souper fin, par Helman.
   Belle épreuve.

464 — Déclaration de la grossesse, par Martini.
   Les Précautions, par Martini.
   J'en accepte l'heureux présage, par Trière.
   N'ayez pas peur, ma bonne amie, par Helman.
   C'est un fils, monsieur, par Bacquoy.
   Les Petits Parrains, par Bacquoy et Patas.
   Les Délices de la maternité, par Helman.
   L'Accord parfait, par Helman.
   Le Rendez-vous pour Marly, par Guttenberg.
   Les Adieux, par de Launay.
   La Rencontre au bois de Boulogne, par Guttenberg.
   La Dame du palais de la reine, par Martini.

   Suite complète de douze pièces formant la seconde série de la suite d'estampes pour servir à l'*Histoire des modes et du costume en France dans le* XVIIIe *siècle*, année 1776. Les épreuves sont superbes, avec les lettres A. P. D. R., et ont toutes leurs marges non ébarbées à l'exception de la dernière : la Dame du palais de la reine, dont les marges sont plus petites.

465 — Le Lever, par Halbou.
   La Petite toilette, par Martini.
   La Grande toilette, par Martini.
   La Course de chevaux, par Guttenberg.
   Le Pari gagné, par Camligue.
   La Partie de whist, par Dambrun.
   Oui ou non, par Thomas.
   Le Seigneur chez son fermier, par Delignon.
   La Petite loge, par Patas.
   La Sortie de l'Opéra, par Malbeste.
   Le Souper fin, par Helman.
   Le Vrai bonheur, par Simonet.

   Suite complète de douze pièces formant la troisième suite d'estampes pour servir à l'*Histoire des modes et du costume en France dans le* XVIIIe *siècle*. Superbes épreuves avec toutes leurs marges non ébarbées.

MOREAU (d'après J.-M.)

466 — La Surprise, par Ingouf.
   La Matinée, par Bosse.
   Deux pièces d'après Freudeberg, faisant partie de la suite d'après Moreau, décrite sous le numéro précédent. Édition de Neuwied S. le Rhein. Très belles épreuves, toutes marges.

467 — Monument du costume physique et moral de la fin du XVIII° siècle, ou Tableaux de la vie, ornés de figures dessinées et gravées par M. Moreau le jeune... A Neuvoied sur le Rhin, 1789, 1 vol. in-fol. cartonné.

468 — Seconde suite d'estampes pour servir à l'histoire des modes et du costume en France dans le XVIII° siècle, année 1776. A Paris, chez M. Moreau, graveur du cabinet du Roi, cour du Mai, au Palais, hôtel de la Trésorerie. Suite complète de douze pièces, réductions in-8° de la première suite indiquée sous le numéro 464.
   Superbes et très rares épreuves avec les lettres A. P. D. R , et avec toutes leurs marges non ébarbées.

MOREAU et FREUDEBERG (d'après)

469 — Les Tuileries, — Fontainebleau, — L'Opéra, — Versailles, — La Leçon de musique, — Le Comité, — La Visite du médecin, — Les Précautions, — La Lingère, — C'est un fils, monsieur, — Les Confidences, — Le Bal, — Le Boudoir. Treize pièces, réductions in-8 des estampes du costume physique et moral.

MOSELEY (C.)

470 — L'addresse du faiseur de corps aux Dames.
   Belle épreuve.

MOUCHET (d'après)

471 — L'Illusion, par R. et D.
   Superbe et très rare épreuve avant toutes lettres et avant l'entourage.

471 bis — La même estampe.
   Belle épreuve, avec l'adresse du graveur.

NÉE et MASQUELIER

472 — Le Déjeuné de Fernex. D'après De Non.
Belle épreuve.

PATER (d'après)

473 — Le Baiser donné, — Le Baiser rendu. Deux pièces gravées par Fillœul.
Belles épreuves, avec l'adresse de de Larmessin.

474 — Le Cocu battu et content, par Fillœul.
Belle épreuve, avec l'adresse de de Larmessin.

PONTIUS (Paul)

475 — Saint Sébastien attaché à un arbre. D'après G. Seghers.
Belle épreuve.

POUSSIN (d'après St.)

476 — Bal de Saint-Cloud, par Fessard.
Très belle épreuve.

QUEVERDO (d'après J.-M.)

477 — Les Amours du bocage, par Dembrun.
Superbe épreuve, toutes marges.

478 — Les Baigneuses champêtres, par Dembrun.
Très belle épreuve, toutes marges.

479 — Le Bouquet galant, par Dembrun.
Belle épreuve.

480 — L'Occasion favorable, — Céphise surprise près du bain. Deux pièces faisant pendants, gravées par Patas et Duhamel.
Très belles épreuves, toutes marges.

481 — Le Coucher de la Mariée, par Patas.
Superbe épreuve, toutes marges.

482 — Nouvelle du bien-aimé, par Romanet.
Superbe épreuve avant la dédicace, grandes marges.

483 — Le Repos, par Dambrun.
Superbe épreuve, grandes marges.

QUEVERDO (d'après J.-M.)

484 — Le Sommeil interrompu, par Dambrun.
   Très belle épreuve, grandes marges.

485 — Vue du château de Ferney, à M. de Voltaire, du côté du nord, — Vue du château de Ferney à M. de Voltaire, du côté du couchant, — Vue des délices de M. de Voltaire, près Genève. Trois pièces, d'après Signy.
   Superbes épreuves, toutes marges.

REGNAULT (N.-F.)

486 — Ah ! s'il s'éveillait.
   Très belle épreuve.

487 — Dors, Dors...
   Très belle épreuve, marge.

RUBENS (d'après P.-P.)

488 — La Chute des anges rebelles, par L. Vorsterman.
   Très belle épreuve.

489 — Loth sortant de Sodome, par Lucas Vorsterman.
   Belle épreuve.

490 — L'Adoration des mages. Grande pièce en largeur, gravée en deux planches, par Lucas Vosterman.
   Superbe épreuve, avec l'adresse du graveur.

491 — Sainte Famille où l'enfant Jésus et saint Jean jouent avec un mouton, par S. A. Bolswert.
   Très belle épreuve, avec l'adresse de Martin-Vanden Enden.

492 — Le Martyre de saint Lievin. Gravé par Caukercken.
   Très belle épreuve.

493 — La Chasse au lion. Gravé par S. A. Bolswert.
   Très belle épreuve.

SAINT-AUBIN (Aug. de)

494 — Adrienne Sophie, marquise de***
   Superbe épreuve avant l'adresse de l'auteur.

495 — Le Réfractaire amoureux (457).
   Belle épreuve.

SAINT-AUBIN (d'après Aug. de)

496 — Mes gens ou les commissionnaires ultramontins au service de qui veut les payer. Suite de sept pièces gravées par Tillard (389-395).

<small>Superbes épreuves, toutes marges.</small>

497 — C'est ici les différents jeux des petits polissons de Paris. Suite de six pièces gravées par Tillard (396-401).

<small>Superbes épreuves, toutes marges.</small>

498 — Le Bal paré, — Le Concert. Deux pièces faisant pendants, gravées par A. J. Duclos (402-403).

<small>Très belles épreuves, toutes marges.</small>

499 — Tableau des portraits à la mode, — Promenade des remparts de Paris. Deux pièces faisant pendants, gravées par P. F. Courtois (378 et 382).

<small>Superbes épreuves, belles marges.</small>

500 — La Promenade des remparts de Paris, par P. F. Courtois.

<small>Très belle épreuve.</small>

SCHENAU (d'après J.-E)

501 — La Fille rusée, par B.-L. Prevost.

<small>Très belle épreuve, marge.</small>

SCHIAVONETTI (L.)

502 — Louis XVI à la barre de la Convention, — Séparation de Louis XVI d'avec sa famille. Deux pièces, d'après Benezech et Miller.

<small>Très belles épreuves, marges.</small>

SCHWARTZ (P.-W.)

503 — Allégories sur Louis XVI et Marie-Antoinette. Deux pièces.

<small>Belles épreuves avant la lettre.</small>

SICARDI (d'après)

504 — Oh! che boccone! par Burke.

<small>Très belle épreuve, marge.</small>

SWEBACH (d'après)

505 — Estampes tirées des campagnes d'Italie, gravées par Bovinet, Pigeot, etc. Douze pièces.

SYMPSON et ROBERTS

506 — Dismal, — Plastow, chevaux de course de 1741. D'après Spencer et Seamor. Deux pièces.
<small>Belles épreuves.</small>

LE SUEUR (d'après L.)

507 — Le Rendez-vous à la fontaine, par J.-B. Louvion.
<small>Très belle épreuve.</small>

TRINQUESSE (d'après L.)

508 — L'Irrésolution ou la Confidence, par J.-A. Pierron.
<small>Superbe épreuve, marge.</small>

DE TROY (d'après J.)

509 — L'Amant sans gêne, par C.-N. Cochin.
<small>Très belle épreuve.</small>

510 — La Gouvernante fidèle, par C.-N. Cochin.
<small>Belle épreuve.</small>

VANGORP (d'après)

511 — Jeune fille présentant à sa mère des petits oiseaux dans leur nid, par Honoré.
<small>Très belle épreuve avant la lettre, marge.</small>

VERNET (d'après J.)

512 — Les Ports de France : Toulon, — Marseille, — Golphe de Bandol, — Marseille, — Le port vieux de Toulon, — La ville et la rade de Toulon, — Antibes, — Cette, — Bordeaux, deux vues différentes, — Bayonne, — Rochefort, La Rochelle et Dieppe. Suite de quinze pièces.
<small>Très belles épreuves avec marges. Suite rare à trouver complète.</small>

VERNET et LECOMTE (H.)

513 — Fables choisies de La Fontaine, ornées de dessins lithographiés par MM. Carle Vernet, Horace Vernet et Hippolyte Lecomte. Paris, 1818. Trois livraisons contenant onze planches avec texte.

VORSTERMAN (L.)

514 — Sainte Madeleine enlevée au ciel par les anges, d'après Van Dyck.
Belle épreuve.

WATSON

515 — La Mort de Marc-Antoine, d'après N. Dance.
Très belle épreuve avant la lettre.

WATTEAU (d'après Ant.)

516 — L'Accord parfait, par Baron.
Très belle épreuve, marge.

517 — Assemblée galante, par Le Bas.
Belle épreuve.

518 — Assemblée galante, par Le Bas.
Très belle épreuve, marge; quelques déchirures habilement raccommodées.

519 — L'Aventurière, — L'Enchanteur. Deux pièces faisant pendants, gravées par B. Audran.
Très belles épreuves.

520 — Le Chat malade, par J.-E. Liotard.
Superbe épreuve.

521 — L'Embarquement pour Cythère, par Tardieu.
Très belle épreuve.

522 — Fêtes vénitiennes, par L. Cars.
Très belle épreuve, toutes marges.

523 — La Mariée de village, par C.-N. Cochin.
Très belle épreuve.

524 — Les Plaisirs du bal, par Scotin.
Très belle épreuve.

WATTEAU (d'après Ant.)

525 — La Pollonnaise, — La Rêveuse. Deux pièces gravées par Aveline et Aubert.
    Belles épreuves.

526 — Récréation italienne, par Aveline.
    Superbe épreuve, grandes marges.

527 — Les Singes de Mars, par J. Moyreau.
    Belle épreuve.

528 — *Sous un habit de Mezetin...*, par Thomassin.
    Très belle épreuve.

WILLE (J.-G.)

529 — Le Concert de famille, d'après Schalken.
    Belle épreuve.

530 — Le Sapeur des gardes suisses.
    Belle épreuve avant toutes lettres, marge.

531 — Tricoteuse hollandaise, d'après F. Mieris.
    Très belle épreuve, marge.

WILLE (P.-A.)

532 — Le Petit Vaux-Hall.
    Très belle épreuve, grandes marges.

WILLE (d'après P.-A.)

533 — Dédicace d'un poème épique, par F. Dennel.
    Superbe épreuve avant toutes lettres, marge.

534 — L'Essai du corset, par Dennel.
    Très belle épreuve, grandes marges.

535 — La Mère mécontente, par P.-C. Ingouf.
    Très belle épreuve, toutes marges.

536 — Le Patriotisme français, par J. Avril.
    Belle épreuve, marge.

537 — Le Temps perdu, par Halbou.
    Très belle épreuve, marge.

ESTAMPES

IMPRIMÉES EN COULEURS

ANONYMES

538 — M. et Mme Coco, pièce de forme ronde, représentant les figures de M. et Mme Bailly et du général Lafayette sur des corps de coqs et de poules.
Belle épreuve, sans marge.

539 — Études de têtes et croquis divers sur une même feuille. Imprimé en bistre.
Belle épreuve.

BAILLIE (W.)

540 — *Mountstuart* (Lord), d'après Hone. In-fol.
Très belle épreuve.

BARTOLOZZI (F.)

541 — *Marie-Christine*, archiduchesse d'Autriche, gouvernante des Pays-Bas. D'après Roslin. In-fol. en bistre.
Superbe épreuve, marge.

BAUDOUIN ET HUET (d'après)

542 — Le Gouter, — Le Diner, — Le Déjeuné, — Le Souper. Suite de quatre pièces gravées par Bonnet.
Superbes épreuves. Rares.

BONNET (L.-M.)

543 — Portrait de Mlle Coypel, gravé en imitation de pastel. D'après le tableau de F. Boucher.
Superbe épreuve de la plus grande fraîcheur, marge.

544 — Le Baiser refusé, d'après Challe.
Belle épreuve.

BONNET (L.-M.)

545 — Bustes de femmes, avec bordures ornementées, imprimées en or. Deux pièces faisant pendants. D'après Le Clerc.
Très belles épreuves.

546 — Histoire de Jeannot. Suite de douze pièces.
Belles épreuves. Rares.

547 — Jeune femme en buste. Gravé aux trois crayons, d'après Lagrenée.
Très belle épreuve.

BOWLES (C.)

548 — A Group of well Known connaisseurs at a sale of Pictures, 1773.
Très belle épreuve.

549 — Jockey and Jenny, — A Morning frolic, or the transmutation of sexes, — Two Privateers Attacking a Man of War, etc. Cinq pièces.
Belles épreuves. Rares.

CARICATURES

550 — Sujets tirés du Musée grotesque. Douze pièces.

551 — The consequences of being drove by a Gentleman.

552 — Caricatures politiques et sur les mœurs, par Decamps, Grandville, Gérard, Fontallard, Traviès, Charlet, Philipon, etc. Soixante-quinze pièces en noir et en couleur.

553 — Caricatures politiques et autres, publiées chez Aubert, de 1835 à 1845. Cent soixante-quinze pièces.

CARICATURES ANGLAISES

554 — Sous ce numéro, il sera vendu un fort lot de caricatures sur les mœurs, par Cruikshank, Heath, Rowlandson, etc.

CHALLE (d'après M.-A.)

555 — Les Amants surpris, — Les Espiègles. Deux pièces faisant pendants, gravées par Descourtis.
<small>Superbes épreuves, marges.</small>

556 — Le Panier renversé, par E. Buisson.
<small>Très belle épreuve.</small>

CIPRIANI (d'après)

557 — Ne dérangez pas le monde, par Bartolozzi.
<small>Belle épreuve.</small>

COCHIN (d'après C.-N.)

558 — Femme assise, jouant aux cartes. Gravé à la sanguine, par Demarteau.
<small>Très belle épreuve.</small>

CURTIS (J.)

559 — *Louis Seize*, roi de France et de Navarre. D'après Boze. In-fol.
<small>Superbe épreuve avec grandes marges.</small>

DEBUCOURT (P.-L.)

560 — Les Deux baisers. 1786.
<small>Superbe épreuve, marge.</small>

561 — Le Menuet de la mariée, 1786, — La Noce au château, 1789. Deux pièces faisant pendants.
<small>Superbes épreuves.</small>

562 — Les Bouquets ou la Fête de la grand'maman,—Le Compliment ou la Matinée du jour de l'an. Deux pièces faisant pendants, 1787-1788.
<small>Superbes épreuves.</small>

563 — Promenade du jardin du Palais-Royal, 1787.
<small>Très belle épreuve.</small>

564 — La même composition, réduction in-4, imprimée en bistre.
<small>Superbe épreuve. Très rare.</small>

DEBUCOURT (P.-L.)

565 — Promenade de la gallerie du Palais-Royal, 1787.
Superbe épreuve.

566 — Annette et Lubin, 1789.
Très belle épreuve.

567 — La Promenade publique, 1792.
Superbe épreuve.

568 — Frascati.
Très belle épreuve.

569 — La Bénédiction paternelle ou le Départ de la mariée.
Très belle épreuve.

570 — Les Plaisirs paternels.
Très belle épreuve d'une pièce rare.

571 — Berceau de Paul et Virginie, — Les Premiers pas de Paul et Virginie. Deux pièces faisant pendants.
Très belles épreuves avant la lettre (lettres tracées), grandes marges, en noir.

572 — Voleurs entrant dans un salon pendant le sommeil d'une jeune femme et de son enfant.
Belles épreuves avant toutes lettres, en noir.

573 — Exercices de Franconi. Deux pièces faisant pendants, d'après C. Vernet.
Très belles épreuves, en noir.

574 — La Marchande de poissons, d'après C. Vernet
Très belle épreuve.

575 — Le Marchand de peau de lapin, d'après C. Vernet.
Très belle épreuve.

576 — Persan voulant dompter un cheval français, — La Partie de plaisir. Deux pièces, d'après C. Vernet.
Très belles épreuves.

577 — La Bonne d'enfants en promenade, d'après C. Vernet.
Très belle épreuve.

DEBUCOURT (P.-L.)

578 — Anglais en habit habillé, d'après C. Vernet.
Très belle épreuve.

579 — Le Coup de vent, d'après C. Vernet.
Très belle épreuve.

580 — Cosaque irrégulier portant des dépêches, — Officier anglais se rendant à une partie de plaisir. Deux pièces d'après C. Vernet.
Très belles épreuves.

DEBUCOURT (d'après P.-L.)

581 — Le Juge ou la Cruche cassée. Gravé par J.-J. Leveau.
Superbe épreuve, toutes marges, en noir.

DESRAIS (d'après C.-F.)

582 — Promenade du boulevard Italien ou Petit Coblentz, par E. Voysard.
Très belle épreuve, en couleur.

583 — Apparition du Globe aérostatique de M. Blanchard, entre Calais et Boulogne, le 7 janvier 1785, par L. Bonvalet.
Très belle épreuve, imprimée en bistre.

DOUBLET (d'après)

584 — Ariette de Rosette et Colas, acte V. Jolie pièce de forme ovale, gravée à la sanguine, par Boillet.
Très belle épreuve. Rare.

DUNCARTON

585 — *Shield* (W.), d'après Opie. In-fol.
Très belle épreuve, marge.

ÉCOLE FRANÇAISE DU XVIII° SIÈCLE

586 — Sujets galants pour dessus de tabatières, avec entourages ornementés. Six sujets sur une même feuille.

FRAGONARD (d'après H.)

587 — La Coquette fixée. Gravé à l'eau-forte par Couché et terminé par Dambrun.
Belle épreuve.

588 — La Fontaine de l'amour, par Regnault.
Très belle épreuve avant toutes lettres.

589 — Le Songe d'amour, par Regnault.
Superbe épreuve avant toutes lettres.

590 — Portrait d'homme, représenté en pied, assis sur une chaise; gravé à la sanguine, par Demarteau.
Très belle épreuve, marge.

GAINSBOROUGH (d'après)

591 — *Derby* (le comte de). Gravé par G. Keating. In-fol.
Très belle épreuve.

GARNERAY (d'après)

592 — Costumes des principaux fonctionnaires de la République française. Sept pièces gravées par Alix.
Belles épreuves.

GMELIN (G.-F.)

593 — Vue de la Maison de l'hermite.
Belle épreuve.

GUYOT (F.)

594 — L'Hymen allumant son flambeau au Dieu qui les enchaîne, — Julie tondant son mouton, — L'Amant berger. Trois pièces.

HUET (d'après J.-B.)

595 — L'Amant écouté, — L'Éventail cassé. Deux pièces faisant pendants, gravées par Bonnet.
Très belles et rares épreuves avant toutes lettres.

596 — L'Amant pressant, par A. Legrand.
Très belle épreuve.

HUET (d'après J.-B.)

597 — Arabesques, gravées à la sanguine et publiées chez Bonnet.

<small>Belles épreuves.</small>

JANINET (F.)

598 — Nina, d'après Hoin. (Portrait de Mme Dugazon, dans le rôle de Nina ou la Folle par amour.)

<small>Très belle épreuve.</small>

599 — L'Oiseau privé, d'après Lagrenée.

<small>Superbe épreuve avant toutes lettres, grandes marges.</small>

600 — Le Rendez-Vous comique, d'après Watteau.

<small>Très belle épreuve.</small>

JAZET (J.-P.-M.)

601 — La Promenade du Jardin turc, d'après J.-J. de B...

<small>Très belle épreuve.</small>

KRAUS

602 — Au Restaurateur de la liberté française. Allégorie à la gloire de Louis XVI, gravée à l'aquatinte.

<small>Très belle épreuve.</small>

LAVREINCE (d'après N.)

603 — L'Accident imprévu, — La Sentinelle en défaut. Deux pièces faisant pendants, gravées par Darcis. (E. B. 1 et 58).

<small>Très belles épreuves.</small>

604 — L'Automne, par Vidal (7).

<small>Très belle épreuve.</small>

605 — L'Aveu difficile, par Janinet (8).

<small>Belle épreuve.</small>

606 — La Comparaison, par Janinet (12).

<small>Très belle épreuve.</small>

607 — Le Déjeuner anglais, par Vidal (17).

<small>Très belle épreuve.</small>

LAVREINCE (d'après N)

608 — L'Indiscrétion, par Janinet (30).
Superbe épreuve, grandes marges.

609 — Le Petit conseil, par Janinet (48).
Superbe épreuve.

610 — Ah ! le Joli petit chien, par Janinet (27).
Superbe épreuve.

611 — Le Serin chéri, par Dnargle (Legrand) (59).
Très belle épreuve.

LEVACHEZ

612 — La Danse des chiens, d'après C. Vernet.
Très belle épreuve.

613 — *Bonaparte*, premier consul, représenté en buste sur un bas-relief où est représentée la Revue du Quintidi, par Duplessis-Bertaux. In-fol.
Très belle épreuve.

MARIN (L.)

614 — La Tasse de chocolat, — La Laitière. Deux pièces faisant pendants.
Belles épreuves, mais manquant de conservation.

MORLAND (d'après)

615 — Going à Going, — A. Cully Pillag'd. Deux pièces faisant pendants.
Belles épreuves, marges.

RÉVOLUTION (Pièces sur la)

616 — Allégorie sur l'état militaire, le clergé et la royauté. Pièce coloriée.

617 — Le Despotisme terrassé. Pièce imprimée en bistre, avec légende en bas.
Très belle épreuve, toutes marges.

RÉVOLUTION (Pièces sur la)

618 — Caricatures politiques sur la déclaration de la République hollandaise. Suite de vingt pièces à la sanguine, avec texte, en un vol. in-4 broché.

619 — Le Dentiste patriote, — Je viens des Jacobins, tout va bien. — L'Enragé ou l'Avocat des aristocrates, etc. Six pièces coloriées.

620 — Un Barbier rase l'autre, — Voilà ce que c'est d'en avoir trop, — La Culbute, — Caricatures sur les dominicains et les abbés. Six pièces coloriées.

621 — L'Abbé d'autrefois, l'Abbé d'aujourd'hui, — L'Enrôlement des trois religieux, — Caricatures sur les Capucins et les Évêques. Etc. Huit pièces coloriées.

622 — Avec autant de Matière on peut faire des déjeuners, — Brise-fer, capitaine colonel des Cordeliers, troupes légères, — Par Moy vous êtes tous frères, — Allégorie dédiée au Tiers-État. Quatre pièces coloriées.

623 — Le Jeu de la Climusette, oh! il l'attrapera, — Ramasse ton bonnet, — Ah! vive la liberté. Etc. Six pièces coloriées.

624 — L'Après-dîner, — J'suis du Tiers-État, — Calonne en paralisie, — Tout irait bien si tout le monde riait comme moi, — Combat entre le Père Duchêne et l'Abbé Caisse. Etc. Six pièces coloriées.

625 — Le Pere nicieux Jacobin, — Heum! si je l'avais prévu, ils ne m'ont laissé que deux chicots, fameux combat de Jean-Bart, le père Duchêne et le compère Mathieu contre trois aristocrates; ou les Gueules cassées. Etc. Quatre pièces coloriées.

626 — Nouvelle place de la Bastille, — Il faut faire trois choses, — Le Maître de danse des Aristocrates. Etc. Quatre pièces coloriées.

RÉVOLUTION (Pièces sur la)

627 — Vanité des vanités, tout n'est que vanité, — Allons, plus de distinction, ce malheur commun nous rend égaux, — La la, Monsieur l'Abbé, vous y viendrez. Etc. Quatre pièces coloriées.

628 — Le Père Duchesne et Jean-Bart, — Quel malheur, plus d'indigestion, — Quand ce ra la poule au pot. Etc. Quatre pièces coloriées.

629 — M. Brule Bonsens, agent des émigrés, — Mlle de Vieille-Allure, — Le Vendeur d'Indulgences. Etc. Quatre pièces coloriées, avec marges.

630 — Polichinelle vainqueur des aristocrates, — Constitution d'Angleterre. Deux pièces coloriées, avec marges.

631 — Mieux vaut tard que jamais! Allégorie sur les trois ordres, en couleur.

632 — Le Corps aristocrate sous la figure d'une femme, expirant dans les bras de la noblesse. — Le Restaurateur embarassé. Deux sujets sur une même feuille.

SAINT-AUBIN (d'après Aug. de)

633 — L'Heureux ménage, par Sergent et Gautier. (412)
Belle épreuve, avant toutes lettres,

SALEMBIER

634 — Flambeaux, burettes et appliques, Trois pièces gravées à la sanguine.
Belles épreuves.

SERGENT (A.-F.)

635 — Il est trop tard.
Superbe épreuve.

TAUNAY (d'après)

636 — Noce de village, — Foire de village, — La Rixe, — Le Tambourin. Suite de quatre pièces faisant pendants, gravées par Descourtis.
Superbes épreuves, les deux premières sont avec les armes.

VALMONT, — WATTIER, — ADAM (V.), etc.

637 — Un an de la vie d'un jeune homme, — Un an de la vie d'une jeune fille, — La vie d'un artiste, — L'histoire d'un comédien, — L'histoire d'une comédienne, — Échelle conjugale. Quatre-vingt-sept pièces, lithographies coloriées, reliées en un vol. in-fol., demi-rel. veau.

PIGAL

638 — Scènes de société, — Scènes populaires. Cent-trois pièces, lithographies en couleur, reliées en un vol. in-fol., demi-rel. veau.

WHEATLEY (d'après F.)

639 — Jeune femme couchée sur un canapé et lisant, par R. Stanier.

<small>Très belle épreuve, imprimée en bistre.</small>

VERNET (d'après C.)

640 — La Bergère, — Chevaux de carosse, — Le Galop de chasse, — Jeune Dame à la promenade, — Deuxième, troisième et quatrième suites de chevaux. Etc., etc. Vingt-neuf pièces gravées par Levachez, en couleur.

<small>Très belles épreuves. Rares.</small>

641 — Mameluck chargeant l'ennemi, — Cheval d'un chef de Mamelucks, — Mameluck chargeant son arme, — Mameluck au trot, — Mameluck bridant son cheval, — Le cheval en main. Etc. Huit pièces gravées par Levachez.

<small>Belles épreuves.</small>

TABLEAUX ET PASTELS

BOUCHER (F.)

644 — La Voluptueuse.
> Toile. Haut., 48 cent.; larg , 37 cent. A été gravé par Poletnich.

645 — La Pêche, décoration pour dessus de porte.
> Toile. Larg., 77 cent.; haut., 39 cent. Cadre en bois sculpté.

ROSALBA-CARRIERA

646 — Catherine II, impératrice de Russie, représentée en buste.
> Pastel. Haut., 50 cent.; larg., 40 cent. Cadre en bois sculpté.

VANLOO

647 — Jeune fille représentée en buste, l'épaule nue.
> Pastel. Haut., 38. larg., 31.

DESSINS

BOUCHARDON (E.)

648 — Portrait de Voltaire, d'après le buste d'Houdon.
   A la sanguine, cadre en bois sculpté.

BOUCHER (F.)

649 — Paysage, première vue de Fronville.
   Au crayon noir; a été gravé par Ryland; dans un cadre en bois sculpté.

BOUCHER (d'après)

650 — Madame *de Pompadour*, représentée en buste, portant un panier de fleurs. Gravé en imitation du pastel, par L. Bonnet.
   Dans un cadre en bois sculpté.

CARÊME

651 — Paysage avec Nymphes et Satyres.
   Aquarelle dans un cadre en bois sculpté.

CARMONTELLE (L.-C. DE)

652 — Portrait de femme, en buste, la tête couverte d'un bonnet.
   Aux trois crayons. Cadre en bois sculpté.

DESRAIS (C.-L.)

653 — A la porte du maréchal ferrant.
   A la plume et lavis d'aquarelle. Cadre en bois sculpté.

DESRAIS (C.-L.)

654 — Fête champêtre.
   A la plume et lavis de bistre. Cadre en bois sculpté.

ÉCOLE FRANÇAISE DU XVIIIᵉ SIÈCLE

655 — Concert dans un parc.
    Au lavis de bistre, rehaussé de blanc.

EISEN (Ch.)

655 *bis* — Les Jeunes Jardiniers.
    Au crayon noir et blanc.

FRAGONARD (H.)

656 — Satyre dansant devant une Nymphe.
    A la plume et lavis de sépia. Cadre en bois sculpté.

GILLOT (Cl.)

657 — Le Triomphe de Bacchus.
    A la sanguine. Cadre en bois sculpté.

VAN HUYSSUM

658 — Fleurs et Fruits.
    Aux trois crayons, et lavis d'encre de Chine, cadre en bois sculpté.

MONNET (C.)

659 — Pygmalion amoureux de sa statue.
    Au lavis de bistre, rehaussé de blanc. Cadre en bois sculpté.

660 — Le Printemps. Composition de dix figures.
    A la plume et lavis de bistre. Cadre en bois sculpté.

MOREAU (L.)

661 — Paysages. Deux dessins de formes rondes, faisant pendants.
    Gouaches. Cadres en bois sculpté.

662 — Paysage d'une vaste étendue, traversé par une rivière.
    Gouache. Cadre en bois sculpté.

663 — Paysage traversé par une rivière.
    Gouache. Cadre en bois sculpté.

NICOLLE

664 — Vues de Rome. Deux pendants.
   Aquarelles. Cadres en bois sculpté.

NILSON

665 — Un Concert. Composition de dix-neuf figures.
   Aquarelle.

NORTHCOTE

666 — La Petite fruitière anglaise.
   Au crayon noir et sanguine, rehaussé de blanc. A été gravé par Gaugain. Cadre en bois sculpté.

OUDRY (J.-B.)

667 — Paysage.
   Aux crayons noir et blanc, sur papier bleu.

PRUD'HON (P.-P.)

668 — Sujet mythologique.
   Aux crayons noir et blanc, sur papier bleu, dans un cadre en bois sculpté.

669 — Portrait de Mlle *Meyer*, représentée à mi-corps.
   Aux crayons noir et blanc, dans un cadre en bois sculpté.

ROWLANDSON

670 — La Tentation.
   A la plume et lavis d'aquarelle. Cadre en bois sculpté.

SAINT-AUBIN (G. DE)

671 — Galerie d'un palais.
   A la plume et lavis d'encre de Chine. Cadre en bois sculpté.

SAINT-AUBIN (AUG. DE)

672 — Portrait de Ducreux, célèbre peintre miniaturiste.
   Aux trois crayons, dans un cadre en bois sculpté.

TRINQUESSE

673 — Jeune Femme assise sur un canapé, jouant de la mandoline.

A la sanguine, dans un cadre en bois sculpté.

WATTEAU (L.)

674 — Quatre costumes de femmes sur une même feuille.

Au crayon noir et lavis d'aquarelle. Cadre en bois sculpté.

Paris. — Typ. PILLET et DUMOULIN, 5, rue des Grands-Augustins.

www.ingramcontent.com/pod-product-compliance
Lightning Source LLC
LaVergne TN
LVHW051506090426
835512LV00010B/2366